köchelverzeichnis

Christoph Wagner
Gerhard Tötschinger

KÖCHELVERZEICHNIS

Rezepte aus der Mozartzeit

VERLAG ANTON PUSTET
Salzburg–München

Grafische Gestaltung:
Umschlag: Simone Leitenberger
Innenteil: Friedrich Pürstinger
Textredaktion: Renate Wagner-Witula

Die Verwendung des Titels „Köchelverzeichnis" erfolgte mit freundlicher Genehmigung
des Verlags Breitkopf & Härtel

© Verlag Anton Pustet
3. neu gestaltete Auflage, 2001
Alle Rechte vorbehalten · Gedruckt in Österreich
Gesamtherstellung: Salzburger Druckerei
© Umschlagbilder: AKG, Berlin
Roland de la Porte, Kleine Mahlzeit
Cignaroli, Mozart im Alter von 14 Jahren
Fotos: Franz Genser
ISBN 3-7025-0272-6

INHALT

EINFÜHRUNG

Wenn heute eine Salzburger Familie sich dringend eine Muscherl-Suppe wünscht, ist der Weg vom Wunsch zur Erfüllung kurz und für gewöhnlich unkompliziert. Die Muscheln finden sich in gleich mehreren Fischhandlungen, die übrigen Zutaten sind in jedem Delikatessengeschäft zu bekommen, und wer kein Rezept für eine Muscherl-Suppe besitzt, findet es in diesem Buch auf Seite 16.

Der gleiche Wunsch, geäußert von Wolferl, Nannerl und Leopold Mozart, konnte Maria-Anna, die Mutter, vor einige Probleme stellen. Vor allem die Muschel-Beschaffung ließ sich nicht zu allen Jahreszeiten bewerkstelligen. Vielleicht hatte man beim Fischhändler am Löchlbogen Glück. Das Grünzeug konnte man auf dem Marktplatz bekommen. Butter und Schmalz und Wein erforderten Gänge in verschiedene Geschäfte, aber das ließ sich machen. Das Olivenöl aber war wieder nicht so einfach zu erhalten.

Käse kaufte man in der Churfürststraße, Eier und Milch in der Sigmund-Haffner-Gasse und Brot beim Ritzerbogen. Und oft richtete sich das Menü nicht nach dem Wunsch der Tafelrunde, sondern nach den Angeboten der Händler, die sich wiederum nach Jahreszeiten, Straßenzuständen, Krieg und Frieden zu richten hatten.

Die Familie Mozart hatte es, wurde einmal nicht im Hause gekocht, nicht weit zu einem „gutbürgerlichen" Gasthaus – der „Elefant" lag (und liegt) ums Eck, wenige Schritte vom Rathaus entfernt, das Gasthaus „Zum Mohren" befindet sich heute wie zur Mozartzeit in der an die Getreidegasse anschließenden Judengasse. Von Johann Lorenz Hagenauer, dem Hausherrn der Mozarts in der Getreidegasse, wissen wir, daß er nicht nur gerne zum „Mohren" ging, sondern überhaupt ein Freund des Gastgewerbes war. Gemessen am nahen „Mohren", muß der Weg zum „Schwanen" auf der stolzen Höhe des Müllner Bergs schon Ausflugscharakter gehabt haben. Man suchte diesen „weißen Schwan", der unter dem Namen des Besitzers von 1692, Johann Andreas Krimpelstätter, Herrn Hagenauer und uns weit besser bekannt war und ist, nicht nur wegen des bei den Augustinern von Mülln gebrauten Bieres auf, sondern auch wegen seines großen schattigen Gastgartens. Der Alltag des achtzehnten Jahrhunderts mit Sorgen und Freuden, Liebe und Tratsch, Bierpreis und Salonleben ist uns dank einiger akribischer Briefschreiber und detailverliebter Tagebuchführer durchaus vertraut.

Da sind einmal die Tagebücher des Freiherrn Johann Baptist Schiedenhofen auf Stumm und Triebenbach, eines engen Freundes der Familie Mozart. Der Freiherr war von Beruf Beamter der Fürsterzbischöflichen Verwaltung, Hofrat. Und er wußte die Pflichten des Alltags mit allen möglichen Freuden zu verbinden. „Abends ging ich wieder auf die Redoute, wo 310 Masken waren. Ich ging anfangs als Tirolerin." Schiedenhofen blieb bis halb fünf Uhr, man tanzte noch weiter bis halb sechs. An anderer Stelle erfahren wir von ihm: „Nach dem essen gienge ich zur Braut Musick, die der junge Hr. Hafner seiner Schwester Liserl machen liesse. Sie war von Mozart, . . ." Und nicht nur die Haffner-Musik hat Schiedenhofen im Original erlebt: „Nach dem Essen zur Musick, die der Mozart der Gräfin Ernst Lodron machte" – die „1. Lodronische Nachtmusik", das Divertimento in F, KV 247.

Eine andere wesentliche Quelle stellt das Tagebuch des Grafen Gaspard Kirigin dar, das tratschversessen zumindest amüsante Lektüre, wenngleich nicht immer glaubwürdiger Bericht ist.

Aber die wichtigsten und interessantesten Berichte verdanken wir der Familie Mozart selbst: Auch oberflächliche Kenner der Biographie Wolfgang Amadeus Mozarts haben schon einmal von den „Bäsle-Briefen" gehört – aber diese bekanntesten Prosawerke der Mozarts sind ja nur ein winziger Teil eines faszinierenden Ganzen. Und in unserem Zusammenhang haben die Briefe und Berichte von Mozart, dem Vater, das größte Gewicht. Er hat den Lebensweg seiner Kinder, so lange und so weit es ihm möglich war, begleitet, und er hat seinen Freunden, seinen Kindern und vor allen anderen seiner Frau berichtet, was immer ihm des Berichtens wert schien. Und so ist die Lektüre dieser Briefe Leopold Mozarts nicht nur außerordentlich unterhaltsam, sondern zuallererst ein Weg, einen Menschen in seiner Zeit kennenzulernen.

Essen und Trinken spielen wie in jedem Leben so auch in diesem ihre große Rolle – schwankend in der Bedeutung, hin und wieder das Zentrum behauptend, dann wieder an den Rand der Eindrücke gedrängt.

Im Jänner 1770 ist Leopold Mozart verärgert, weil man ihn und seinen Sohn in Mantua nicht empfangen wollte. Man hatte dem Fürsten Thurn und Taxis und der Fürstin die Aufwartung machen wollen – aber man hatte keinen Termin bekommen. Also hatten Vater und Sohn auch die Küche nicht kennengelernt, und der einzige Eindruck von Küche und Keller ist kein guter, wenngleich ein doch sehr deutlicher: „Wir sahen aber unten im Hause ein paar schmutzige Kuchelgöttinnen ganz freudenvoll herausspringen, um uns, als ihre Landsleute, zu sehen." Diese Briefstelle stammt von einer der großen Reisen, die manches Mal die ganze Familie, in späteren Jahren nur Vater und Sohn durch halb Europa brachten. Sich auf diesen Reisen von den gewaltigen Strapazen durch gastronomische Freuden trösten zu lassen, war nicht immer einfach, oft sogar unmöglich. Am 27. Juni 1770 schreibt Leopold Mozart an seine Frau nach Salzburg: „Weil wir in diesen 27 Stunden unserer Reise nur zwei Stunden geschlafen, und nichts als 4 gebratene Kalte Händl im Wagen mit einem Stück Brod verzehrt, so kannst du . . ." Da gewinnt der Körper gegenüber dem Geist an Gewicht, die Ansprüche sinken, Hunger wird zum besten Koch, und so lesen wir im gleichen Brief, etwas später: „. . . unsere gute Frau Uslenghi hat uns einen lindgekochten Reiß gegeben und . . . ein paar lindgesottene Eyer . . ."

Hat die Reise noch nicht so lange gedauert, ist man dem heimlichen, heimatlichen Herde noch näher, da sieht man die Dinge noch anders und stellt Ansprüche, an die man später nicht einmal mehr zu denken wagt: „Um 1 Uhr sind wir im Kalterl angelangt und haben ein eingemachtes Kalbfleisch zum Mittagmahl genommen. Dazu tranken wir ein paar Trunck gutes Bier, dann der Wein war ein Laxiertrankl . . ." Das steht im Brief vom 14. Dezember 1769 aus Wörgl, kaum einen Tag von Salzburg entfernt.

Nach Tische – und etlichen hundert Kilometern – liest man's anders. Am 14. April 1770 scheint die Reiselust weitgehend verflogen zu sein: „. . . von dieser Reise will ich Dir keine lange Beschreibung machen. Stell dir nur ein meistens ungebautes Land vor, und die abscheulichsten Wirtshäuser, Unflath, nichts zu Essen und als zum glück da und dort Eger und Broccoli . . ." Glücklicherweise mußten Mozart Vater und Sohn nicht mit diesem Gefühl zu Bette gehen – in Viterbo wurde noch einmal Station gemacht, und es gab eine Gelegenheit, ein anständiges Nachtmahl einzunehmen. Und so peu à peu haben die beiden Herren sich auch daran gewöhnt. „. . . und die welschen Speisen haben wir auch gewohnt", erzählt Leopold endlich. Wie anders wir das heute sehen, nicht?

Einmal hat Wolfgang Amadeus eine Tafel behindert, vielleicht verhindert. Die Familie war auf dem Wege nach Wien, zu Schiff. In Ybbs ging das Schiff vor Anker, und die mitreisenden Herren Patres, zwei Minoriten und ein Dominikaner, lasen die Messe in der Franziskanerkirche. Wolfgang Amadeus spielte die Orgel. Da waren die Brüder Franziskaner eben beim Essen, sie hörten das Orgelspiel, und „da sie sich fast zu Todt wunderten", liefen sie also in die Kirche und konnten es nicht glauben. Ein so kleiner Bub . . .?!

Der Vater ist stolz, daß der Sohn „Maßvoll im Essen und Trinken" ist. Und Wolfgang hat tatsächlich eine sehr persönliche Stellung zum Küchenwesen: „Alle Posttage, wann die deutschen Briefe kommen, schmeckt mir das Essen und Trinken viel besser."

Mit der Familie der Grafen Arco stehen die Mozarts an sich auf sehr gutem Fuß – aber gerade dieser Fuß wird sehr wesentlich in die Musikgeschichte eingreifen, wofern dieses Sprachbild überhaupt gestattet ist – denn tatsächlich handelt es sich eher um ein Eintreten. Durch den Fußtritt des Oberküchenmeisters Karl Arco wird Wolfgang Amadeus in die rauhe Welt des freischaffenden Künstlers befördert, vielleicht zu unser aller Glück. Denn wer will entscheiden, welches Rezept, ob welsch oder deutsch, fett oder fasttäglich, einem Genie förderlich ist? Also wollen wir alle Rezepte dieser folgenden Seiten probieren, irgendeines muß doch das rechte sein . . .

SO KÖCHELN SIE MIT DEM KÖCHELVERZEICHNIS

Wer glaubt, dieses „Köchelverzeichnis" sei ein Kochbuch wie jedes andere auch, nur eben mit etwas älteren Rezepten, der irrt. Vergeblich wird der an die minuziösen Mengenangaben neuzeitlicher Meisterköche gewöhnte Hobbykoch Vergleichbares in diesem Büchlein suchen.

Dies geschieht allerdings keineswegs aus Schlamperei (im Gegenteil: wir haben jedes einzelne Rezept nachgekocht), der Grund liegt vielmehr im völlig anderen Umgang unserer Vorfahren mit ihren Kochbüchern.

Das barocke Kochbuch verstand sich nämlich viel eher als Inspiration denn als Kochanleitung. Die Grundtechniken, die auf dem Wege der Überlieferung von Köchin zu Köchin weitergegeben wurden, setzte man ohnedies als gegeben voraus.

In der Komposition der Zutaten hatte die Benützerin eines barocken Kochbuchs daher nahezu freie Hand und jede Menge individueller Variationsmöglichkeiten. Letzteres trifft übrigens auch auf die Orthographie zu, die zur Mozartzeit längst nicht in ein so strenges Korsett gezwängt war wie heutzutage. Was man beim Lesen der vorliegenden Rezepte allerdings auch schnell merkt.

SUPPEN

Muscherl-Suppen ▷

MUSCHERL-SUPPEN

Muscheln nach Belieben
Zwiebeln
Petersilie, gehackt
Pfeffer
Nelken, gemahlen (Nägel)
Mehl
Wein
Butter, Schmalz
Öl, am besten Olivenöl

Nimb ein Schmaltz in ein Rain, laß es heiß werden, schneid Zwiffel und grünen Petersil, sambt ein Löffel voll Mehl, alsdann röst alles zusammen. Gieß Wein daran, zerribenen Pfeffer und Nägel, zwey Löffel voll Öl und Butter, wasch die Muscherl schön sauber in Wein auß und sied sie in diser Suppen.

BREZENSUPPEN

Zwiebel
Kümmel
Knoblauch
Schmalz oder Butter
Fleischbrühe
Salz
Pfeffer
4 Eier
Brezerl
Parmesan

Hacke eine Zwiebel gantz klein, gibt ein wenig Kümmel und Knoblauch dazu und röste alles gut in Schmalz oder Butter ab. Dann wird gute Fleischbrühe hinzugegossen. Wenns genug gekocht hat, seih es ab und würz es mit Salz und Pfeffer. Gieß die Suppen auf zerbrochene große oder ganze kleine Brezen, schlag vier Eyer dazu, gib heißes Schmalz darauf und streu genug Parmesan-Käß darüber.

EINE GUTE BIER-SUPPEN

Bier
4 Eidotter
Rahm
Butter
kleinwürfelig geschnittenes Brot

Man soll gutes Bier nehmen,
und wann es gar bitter und stark ist mit Wasser mischen.
Darunter vier Eydotter absprudeln und einen guten Rahm.
Alles wohl miteinander abklopfen und sieden bis mans anrichten will. Dann lass ein gutes Stückel Butter darein zerge-
hen, bäh ein würfelgeschnitten Brodt, darauf mans anricht.

KAYSER-GERSTEN

¹/₂ l Fleischsuppe
4 Eier
Muskatnuß
Nelken (Nägerl)

Nimb die Fleischsuppe in ein Häfen, schlag 4 Eyer darein, etwas weniger Muscatblühe und Nägerl, rührs wohl ab und setz das Häferl mit obiger Suppen in ein Rain mit siedenden Wasser, damit das Wasser bis an den Rand des Häferls gehe. Laß also gut drei Viertelstund sieden, bis es wie ein Sulz werde, alsdann nimb ein Schaum-Löffel, laß die Suppen abrinnen, das übrige richt auff ein Schüssel an. Die Suppen reich dazu.

EINE GUT GEMISCHTE KRÄUTER-SUPPE

Sauerampfer (oder ähnliches, z. B. Bärlauch)
Kerbel
Petersilie und diverse Kräuter
Zwiebel
Semmel
Muskatnuß
Rosmarin
Butter
Rindsuppe
Eidotter
gebähtes Brot

Nihm Sauerampfer (oder ein ähnlich Kraut), Kerbel, Petersil, ein wenig Zwiebel, eine obere Rinden von der Semmel, ein wenig Rosmarin und Muscat, röst alles in frischem Butter, giesse gute Fleischbrüh daran, laß sieden, treibs durch ein Sieb, machs mit frischem Butter und Eyerdotter fertig, giebs über gebähtes Brodt. Ist sehr gut.

SUPPEN MIT GUTEN KNÖDLEIN VON GERAUCHTER ZUNG

Weißbrot
Speck
Butter oder Fett zum Braten
geräucherte Zunge, gewürfelt geschnitten
eventuell gekochtes beliebiges Fleisch
Pfeffer
Muskatnuß
Rahm
Salz
Rindsuppe
Eier
Mehl

Zuerst schneide das weisse Brod klein gewürffelt, röste solches ein wenig in guten Speck, Butter oder Fett. Desgleichen schneide auch die geräucherte Zung gantz klein gewürffelt, wie nicht weniger das andere gesotten Fleisch, wenn dergleichen vorhanden ist. Mische dies alles zu dem gerösten Brod, gewürtzt mit Pfeffer und Muscatnuß, gieß ein wenig guten Milchrahm oder Fleischbrüh mit Eyer vermischt daran und rüre soviel weisses Meel darein, dass solches in der Dicke und Saltz recht wird. Form ein Knödlein und schlag es zur Prob in siedende Fleischbrühe, koste dieselben, wann sie alsdann recht ist, so verfertig die anderen auch hinnach und gibs zur Suppen.

Eine weisse Lemoni-Brüh über Hüner oder Fleisch

Weißbrot
Fleischsuppe
etwas Wein
Zitronensaft (Lemonisaft)
Rahm
Ingwer
Pfeffer
Muskatblüte
Kardamom
Hühnchen oder beliebiges Fleisch
Schmalz

Nimb weiß Brodt, bähe dasselbige und sieds in einer guten Fleischbrüh, wonach mans durch ein Sieb durchdruckt. Nimb noch mehr Fleischbrüh, ein wenig Wein dazu, Lemonisaft, Milchrahm, Ingwer, Pfeffer, Muscatblühe, Cardamom darein und lasse die Hüner oder Fleisch darein sieden, thue auff die letzt Schmalz daran.

SUPPE VON GEHÄCK VOM FEDER-WILDPRET

Reste eines (Feder-) Wildbrets
Muskatnuß
Pfeffer
Nelken (Nägelein)
Zwiebel
Brot
Fleischsuppe
Butter

Hast du was Überbliebenes von gebratenen Feder-Wildpret oder dergleichen, so schneide das Brät schön sauber von den Beinen herab und hacke es gantz klein, gewürz es mit Muscatnuß, Pfeffer und ein wenig Nägelein. Dann nimb ein aufgeschnitten Brodt, röste solches mit klein gehackten Zwibeln in Butter, gewürz es mit Muscatnuß, thue es in eine Schüssel und setze es auf Gluth. Gieß ein gute Fleischbrühe daran, laß es aufsieden. Wann es also gesotten hat, so streue das gehäckte Fleisch mit der Hand um und um darauf, laß es noch eine Weile stehen, aber nicht zu lange sieden und gieb acht, daß selbes nicht zu dick wird. Fahr mit dem Daumen herum und trag es auf.

EINE GUTE SUPPEN MIT HÜNERMÄGERL UND LEBER

Hühnermägen und Hühnerleber
Salz
Pfeffer
Muskatnuß
Petersilie
eine kleine Zwiebel
Butter
eventuell Mark oder Nierenfett
Eier
Schweinsnetz

Erstlich werden die Mägen und Leber von der Galle und allen Unflat gereinigt und sauber gewaschen, und wann du gleich vil Leber als Mäglein hast, so nihm die Mäglein alle, die Leber aber nur den halben Theil. Überquelle und siede sie weich, alsdann schneide sie gewürstelt, sprengs mit kleingehackter Petersil, Gewürz und Salz und röste sie in Butter. Die übergebliebene Leber aber wird mit klein-gehackten Zwibel und Petersil in Butter geröst und untereinander klein gehackt. Wer will, nihmt auch klein gehacktes Mark oder Nieren-Fett darunter, gewürz es mit Pfeffer, Salz und Muscatnuß, schlage Eyer daran und mache kleine Würstlein in ein Netz gehüllt daraus. Lege sie in ein Geschirr, gieb unten und oben Gluth oder brats geschwind auf dem Rost, richte die gebähte Suppe an, gieb die größten Mäglein und Lebern oben darauf und regaliers mit denen Würstlein. Es können auch etliche Lebern ganz gelassen werden, besonders in Butter geröstet und mit auf die Suppen gelegt werden.

ASS DON GIOVANNI SUPPE?

Wie sah Don Giovannis Henkersmahlzeit aus? Die Frage bereitet nicht nur Regisseuren Kopfzerbrechen, sondern ist auch für den Kulinariker interessant. Der Librettist Lorenzo da Ponte läßt uns erfreulicherweise in die Tiefe der Schüssel schauen und verrät, daß Fasan gespeist wird. Über die Rezeptur schweigt er sich jedoch aus. Da es sich aber offensichtlich nicht um ein Bratenstück im Ganzen handelt (sonst wäre nicht von *bocconi* – Riesenbissen – die Rede), liegt der Verdacht nahe, daß Leporello seinem Meister die Happen aus einer Suppe stibitzte. Sie war nämlich, wie wir Conrad Haggers „Hoch-Fürstlich-Salzburgischem Stadt- und Landschaftskochbuch" – dem Standardwerk der Salzburger Barockküche – entnehmen können, dazumal keineswegs Vorspeise, sondern Hauptgericht, eine dekorierte Augenweide aus Fleischstücken, Knödeln, getoastetem Brot und allerlei Variationen der Grundzutaten. Don Giovannis Koch heimst von seinem Herrn auch entsprechendes Lob ein: *«Sì eccellente è il cuoco mio, che lo volle anch'ei provar»* – „Ja, mein Koch sucht seinesgleichen, ihm kann keiner widerstehen."

FISCH-GERICHTE

Hechtrollen wie kälberne Vögel am Spiss zu braten ▷

HECHTROLLEN WIE KÄLBERNE VÖGEL AM SPISS ZU BRATEN

Hechtfilet
Salz
Gewürze nach Belieben
gewürztes, rohes Fischragout (z. B. Lachsforelle)
Butter

Nimb von einem grossen Hecht das beste Stuck, ziehe die Haut ab und schneide das Fleisch zu dünnen und etwas langen Flecklein. Klopffe sie mit dem Messer, dann salze, gewürtze und lege sie auf ein Brett. Belege sie über und über mit gutem von diesem Fisch gemachten Gehäck, rolle sie zusammen, stecke sie an Bratspiß und brats, oder besser im Ofen in einem mit Butter gestrichenen Geschirr.

SAIBLING VON PERDOLSGADEN GEBACHEN ODER GEBRATEN

Saiblinge
Zucker
Salz
Gewürze
Essig
Zitronenschale (Lemoni-Schelffen), kleingeschnitten
Pignolienkerne
Kapern (Capry)
Rosinen (Weinbeerlein)
Öl oder Schmalz zum Braten

Diese seynd gut mit einem Eingemächt aus Zucker, Eßig, Piniolo, Capry, sauber geklaubten schwartzen Weinbeerlein, klein geschnittenen guten Lemoni-Schelffen und Gewürtz. Also las in selber Soß für etliche Zeit rasten als kalter. Hernach seynd sie gut kalt oder warm, wofür sie hernach in Oel oder gutem Schmaltz gebachen oder gebraten werden. Die Soß vergiß nicht dazu.

GUTER FISCHTOPF

Fisch nach Belieben,
je vielfältiger, desto besser, wobei auch Muscheln oder
Schalentiere verwendet werden können
Öl, Butter
Zwiebel (Zwiffl)
Knoblauch (Knofl)
gelbe Rüben
Lauch
Petersilie
Basilikum
Thymian
Lorbeer
Salz
Pfeffer
Safran
Weißbrot
Weißwein
Zitronensaft (Lemonysaft)

Leg die hübsch gesäuberten, geschnittnen Fischstückchen für eyn Stund in Lemonysaft. Hack den Zwiffl, zerdrück den Knofl, schneid die gelbn Rübn und Lauch blättrig. Nimb in eyn Kasserol Öl, laß es heiß werden, gib Zwiffl, Knofl, Lauch und Rüben hinzu, rührs hübsch durch. Auch die andern Kräutlein thu hinzu und den Fisch, dazu Salz und Pfeffer. Gib Wasser dazu und laß eyn Viertelstund kochen, jetzt thue die Muscheln hinein, den Safran und Wein. Röst die Scheiben von Weißbrot gut durch und garnier alles darauf.

HECHTTORTE ZU KARFREITAG

Hechtfilet
Karpfenmilch
faschiertes Karpfen- oder Aalfilet
etwas Essig (unzeitiger Traubensaft)
Butter
Trüffeln (auch aus der Dose)
Champignons
Spargelspitzen
Zitrone, Zitronensaft (Limoni, -saft)
Salz
Pfeffer
Muskatnuß
Nelken (Näglein)
eine kleine Zwiebel
gemischte Kräuter
Fisch- oder Erbsensuppe
eingeweichte Semmel
Tortenboden und -deckel

Nachdem man vorher die Hechte zugerichtet, und die Gräten von der Seite des Rükkens abgelöst hat, werden sie in länglichte Stücke eines Fingers lang geschnitten, selbige in laulichtem Wasser und ein wenig unzeitigem Traubensaft aufgewellt, alsdann mit guter Butter, Karpfenmilch, Trüffeln, Champignons, Spargel-Spitzen in eine Casserole gelegt, und unter währendem Kochen einige Stückchen von einer Limoni dazu gethan. Hierauf dieses Ragout mit Saltz, Pfeffer, Muscatnuß, Näglein, kleinen Zwibeln und feinen Kräutern gewürzt. Wenns nun gar ist, so kann eine kleine Fülle von Karpfen- oder Aalfleisch bereitet, selbige wohl gewürzt, mit Fisch- oder heller durchgeschlagener Erbsenbrühe, geweichten Semmelkrumen dicklich gemacht werden. Hierauf kann eine Torte von feinem Teig in eine Torten-Pfanne gemacht, der Boden mit der vorgemeldeten Fülle belegt, das Hecht-Ragout drüber geschüttet, die Torte mit einem Deckel von eben dem Teig geschlossen, bey gelindem Feuer gar gemacht, endlich mit Limonisaft angerichtet und warm auf den Tisch gegeben werden.

GEBRATENEN HECHTEN

1 ganzer Hecht
Zwiebel (Zwifel), blättrig geschnitten
Sardellenfilet
Salz
Pfeffer
Gewürze
Butter
Rahm

Nimm den Hechten, schupp ihn ab, schneid den Kopf ab, salz ihn und gewürzt, gieb ihn auf ein Bratpfann. Zwifel blattlet geschnitten, nimm den Hechten, schneid Löcher darein, tu langlich geschnitten Sardellen darein. Leg den Fisch in die Bratpfann auf den Zwifel, nimm abermals klein geschnitten Sardellen, drucke Butter darunter, leg den Fisch auf den Rucken, gieß Milchrahm darüber, stell den Fisch in die Tortenpfanne, laß ihn langsam braten, alsdann leg ihn auf die Schüssel. Ist gut.

GESULZTER KARPFEN

1 ganzer Karpfen
Salz
etwas Wein
Essig
Erbsensuppe
Zitronenschale (Limonischällen)
Zwiebel
Lorbeerblatt
Rosmarin
Knoblauch
eventuell Zucker

Der Karpfen wird geschüppt, zertheilet, und eingesalzen, die Schüppen lege erst unten, allwo der Fisch gesotten wird, streif ihn gut ab, richte ihn ordentlich ein. Gieß darauf Wein und Essig, gute Erbsenbrüh und Wasser, damit die Sulz nicht gar zu sauer wird, nimm daran Limonischällen, Zwiebel, Lorberblattel, Rosmarin, und etwas Knoblauch, laß den Karpfen sieden. Wenn er gesotten ist, seihe den Sud ab, gieß in ein Häfen, laß soviel einsieden, damit man Sulze genug hat. Richte den Fisch an, seihe die Sulze durch, daß sie schön klar wird, und gewürzt. Wann beliebet kann man auch Zucker darzunehmen, richte es über den Fisch an, daß er sich sulze.

FISCHKARBONADELN

1 kg Hechtfilet
¹/₂ kg Karpfenfilet
Mehl
Butter, Schmalz zum Braten
¹/₂ Semmel
Milch zum Einweichen
Zwiebel
Knoblauch
Kuttelkraut (oder ähnliches Kraut)
Zitronensaft und -schale (Limonisaft und -schale)
Salz
Pfeffer
3 Eidotter
Semmelbrösel

Man kocht von dem Mittelstück eines Hechten zwey Pfund im Salzwasser ab, doch nur so lange, daß derselbige nicht roh bleibe. Ein Pfund Karpfen wird, nachdem er gut eingesalzen, in Mehl gewickelt, und aus dem Schmalze gebacken. Dann werden von beiden Fischen die Gräten gelöst, von einer halben Semmel die Rinden abgerieben, in Milch eingeweicht und dann gut ausgedrückt. Ein kleines Happel Zwiebel, ein Zecherl Knoblauch, etwas Limonischalen werden klein geschnitten, ein klein wenig Kuttelkraut und gestossen Pfeffer darein, alles dieß mit drei Eyerdotter gut abgerührt. Form aus dieser Massa kleine Karbonadeln, bestreich sie mit guter zerlassener Butter, wickle sie in feine Semmelbrösel und brat sie schön in Butter. Vor dem Anrichten zerläßt man etwas Butter, gibt klein geschnitten Limonischalen, wie auch von einer Limoni den Saft dazu und begießt die Karbonadeln heiß damit, wenn selbe schon in die Schüssel gericht sind. Man kann von derselben Massa auch kleine Würsteln machen, selbe in abgeschlagene Eyer und Semmelbrösel gewickelt, aus dem Schmalz gebacken, in einer Limonisoß aufgekocht und so zum Eingemachten verwenden.

FASTEN, FESTE
ODER BEIDES?

"Tamino, wollen wir nicht speisen?" fragt der hungrige Epikureer Papageno in der „Zauberflöte". Tamino schweigt. Er ist auf der Suche nach der Weisheit und hat anderes im Sinn als Essen und Trinken. Umsoweniger trifft das auf Papageno zu. Er spricht von Sarastros Priesterbezirk wie von einem Gourmettempel. „Er führt eine gute Küche", konstatiert „Restaurantkritiker" Papageno, während Tamino solchen sinnlichen Genüssen demonstrativ entsagt.

Keine Mozartoper steht deutlicher in der barocken Tradition als die Zauberflöte. Und ist damit auch stärker vom dualistischen Denken der Epoche bestimmt: Entsagung und Überfluß, Leben und Tod, Himmel und Hölle prägen das kulturelle und damit auch das kulinarische Spannungsfeld der Mozartzeit. Schlemmen und Fasten – so lautet das Gegensatzpaar. Dem gute Köche freilich gelegentlich ein Schnippchen zu schlagen wußten: Hätte es am Salzburger Hof sonst etwa eine „festliche Fastensuppe mit Fisch" geben können, die ja, moralisch betrachtet, ein Widerspruch in sich ist. Ein Widerspruch freilich, aus dem die gesamte Fischküche der Mozartzeit ihren unnachahmlichen Reiz bezieht.

FLEISCH UND GEFLÜGEL

Kalbsbrust mit Agres ▷

KALBSBRUST MIT AGRES

Kalbsbrust
Salz
Pfeffer
Zucker
Butter
Zimt (Zimmet)
Zitronenschale und -saft (Limonischälen und -saft)
Weißwein
Stachelbeeren, möglichst noch nicht zu reif (Agres)
Eidotter

Hack die gewaschene Kalbsbrust in kleinere Stücklein, also sie mundgerecht sind, siede sie in gesalzenen Wasser weich, laß in ein Kasterol Butter zerschleichen, gib eyn klein Löfferl Zucker darein und rühre. Zuvor nihm die Kalbstücklein aus der Brüh und legs so lang in kaltes Wasser wie ein Ey zum hart sein braucht. Gib das Fleisch in ein Kasterol mit Butter und Zucker und laß kurz dünsten, hernach gib die Agres hinzu, die harten geputzten, ein wenig Wein, geschnitten Limonischälen, Zimmet und Limonisaft. Laß kochen bis die Soß gut ist, gieß vielleicht noch Wein dazu, wenn zuwenig Soß da ist und schlag Eydotter rein.

HENDEL IN DER BERTRAMSOSS

2 kleine oder 1 großes Hühnchen
Petersilwurzel
Sellerie
gelbe Rüben
Bertram (eine Art Winterkresse, ansonsten Kresse)
Zitronenschale (Limonischale)
Mehl
etwas Rindsuppe
Butter
vorbereitete Fleisch- oder Semmelknödel
Butter- oder Backpapier

Putze die Hendel und speile sie wie zum Braten, dann gib in ein Kasterol ein Stück Butter, gib Petersilwurzel, Sellerie und gelbe Ruben dazu, Bertram und Limonischalen. Lege die Hendeln hinein, gib ein geschmiertes Papier und Deckel darauf und laß sie recht mürbe dünsten, dann nihm die Hendel heraus, laß das Geschnittene schön braun eindünsten, staube einen Löffel Mehl daran, laß es ein wenig rösten und gieße eine gute Rindsuppe daran. Laß sie gut sieden, und seihe sie ab, gib die Hendel in eine Schüssel und die Soß darüber. Zuvor aber mache noch gute Fleischknödel, siede sie in der Rindsuppe, lege sie auf den Rand der Schüssel zu den Hendeln, stecke in jeden Knödel ein Sträußerl Bertram und gibs zur Tafel.

KÄLBERNE SCHNITZEL MIT PARMESAN-KÄSS UND SEMMEL-SCHNITTEN

Kalbsschnitzel
Hühnerbouillon
Salz
Pfeffer
Gewürze nach Belieben
Mehl
Schmalz oder Fett zum Braten
Semmeln, in Scheiben geschnitten
Parmesan, gerieben

Nimm einen guten Schlegel, schneide dinne Schnitzlein, klopf es schön breit, gesalzen mit Mehl bestreut, und im Schmalz auch schön gelb gebachen, richte auch klein gebähte Semmel-Schnitten, bereite es Lage-weis mit denen gebachenen Schnitzeln und geriebenen Parmesan-Käß auf ein Schüssel mit gutem Gewürz bestreut, gieß eine gute Hüner-Suppen daran, und laß es wohl sieden, daß schön marb ist, wann Zeit ist, giebs auf die Tafel.

GEFÜLLTE LÄMMERNE-BRÜSTL

Lammbrust
Sellerie (Zeller)
3–4 Eier
einige Eidotter
Butter
gemischte Kräuter
Semmeln zum Einweichen
Salz
Pfeffer
Makkaroni (in Suppe oder Salzwasser gekocht)
Parmesan, gerieben

N imb Lämmerne-Brüstl so vil du willst, nimb gequellten Zeller, mach ein Eingerührtes von drey oder vier Eyern mit frischen Butter, Marchgrüne Kräuter, eingeweichte Semmelschmollen, hacke diß alles durch einander mit ein paar frischen Eyerdottern, gewürtz es lind und füll die Brüstel damit. Setze es zu und siede es weich, schütte Macaroni drüber, die in einer Rindsuppen gequellt seyn, gibs mit geribenen Parmesan-Käß besträhet.

KÄLBERN-SCHLEGEL MIT GESELCHTEN ZUNGEN GESPICKT

1 mittelgroßer Kalbsschlögel
gekochte geselchte Zungen
Ochsenmark
Butter
Sardellenfilet
Kapern (Capri)
Zwiebel
Zitronenschale (Limonischale)
Salz
Muskatnuß
Nelken (Neglein)
2 Gläser Wein
Rindsuppe
Rahm

Nimm einen mittleren Schlegel, ausgewaschen und gesalzen, bereits gesottene geselchte Zungen, diese geschält und in halbe Finger-lange, kleine, dinne Stücklein geschnitten, ausgelöste Sardellen sauber gewaschen, nimm auch Ochsenmark, stich in den Schlegel Lucken und spicke denselben mit vorgenannten schön ordentlich. Wann dieses geschehen, überlege ein Rein gut mit Butter, wenig Muscat, die Zwiebel-Häupel mit Neglein besteckt, von einer Lemoni die Schalen, und zwey Gläsel Wein daran, und ein wenig Rind-Suppen. Decke ihn zu, laß ihn zwey Stund dünsten, kehre ihn bisweilen um, wann er schön mürb ist, nimm eine Hand voll Capri, hacke es klein, Milchrahm, gut gewürzt, rühre es daran, laß noch ein wenig aufdünsten, die Brühe darüber angericht und auf die Tafel geben.

EIN FEINER LACHS
AUS KALBFLEISCH ZU MACHEN

Kalbsschnitzel
Sardellenfilet
Essig
Öl
Lorbeerblätter
weißer Pfeffer
Neugewürz
Nelken
Kardamom
Salz
handgerührte Mayonnaise
Kapern (Capri)

Spick die Schnitzlein mit den sauber gewaschenen Sardellen, nachdem die vorigen gesalzen und geklopft hast. Gib sie in Essigwasser mit all den Gewürzen und dem Öl und laß es nicht zu lang kochen. Nihm die Schnitzlein heraus und laß sie auf eine Schüssel kalt werden. Richt sie ordentlich an, gib gute Mayonnaise darüber und Capri. Hernach schmeckt es gut, schaut gut aus und kost viel weniger als der Lachs.

LÄMMERFLEISCH MIT SPARGEL UND SPENAT

Lammfleisch
Butter
Salz
Pfeffer
Muskatnuß
frischer Spinat
frischer Spargel
Mehl
Eidotter
Rahm

Das Lammfleisch zerhauet man in Stücken, wohl ausgewässert und geputzt, und mit ganz wenig kochenden Wasser, einem kleinen Stücklein Butter und Salz zum Feuer gebracht. Es muß aber nichts mehr Nasses darauf gegossen werden, als darauf bleiben soll, dann sauber abgeschäumt, und kochen lassen. Den Spenat im Wasser einmal aufgekocht und ausgegossen, rein ausgedrückt, ein paarmal durchgehackt und wenn es überhalb gar ist, an das Lammfleisch gethan, imgleichen auch den Spargel. Von solchen bricht man das Mürbe ab, schneidet es ein wenig klein, auch vorher einmal aufgekocht und mit dem Spenat daran gethan, mit einen Stück Butter, in Mehl umgekehrt, und Muscatblüh noch ein wenig zusammen durchkochen lassen, zuletzt ein paar Eyerdotter mit Rahm klein geschlagen, und abgerührt.

LUNGEL-BRÄTEL
IN MOST-KREN

Rindslungenbraten
Beize (wie für Wildgerichte)
Kren
Most
etwas Rindsuppe

Erstlich das Lungel-Brätel gut eingebaizt, lasse es ein oder zwey Täg in der Baiz liegen, richte es in ein Rein oder Brat-Pfann, giesse die Baiz an, lasse es drey Stund im Bach-Ofen dünsten, mache den Kren wie ordinari. Anstatt der Suppen nihm einen gesottenen Most, aber auch wenig Suppen, daß er nicht gar zu süß wird. Man kann aber auch, so danach die Zeit ist, Capri- oder Limoni-Suppen darüber gießen.

HÜHNER MIT GRÜNEN ERBSEN UND KREBSSCHWEIFEN

2 kleine Hühnchen
Zuckererbsen
Krebsenschwänze oder Scampi
Krebsenbutter
Rahm
Butter
Semmelbrösel
Salz
Pfeffer

Die Hühner bereite wie zum Füllen vor, die Fülle mach also: nihm kleine Zuckererbsen, diese werden in Butter weich gedünstet, auch ausgelöste Krebsschweiferl, diese werden klein gewürfelt geschnitten, gedünstet in Krebsenbutter, Milch-Rahm, ein wenig Semmelbröseln und die grünen Erbsen darunter, gewürtzt und gesalzen. Fülle damit die Hühner und binde es wohl zu, gesalzen, gewürtzt und schön gebraten.

GEDÜNSTETES RINDFLEISCH MIT EINER KRUSTE VON ERDÄPFELN

Rindfleisch zum Dünsten
Speck, in dünne Scheiben geschnitten
Zwiebel
gelbe Rüben
Kohlrabi
3 große Kartoffeln
1 EL Mehl
Rindsuppe
Rotwein
Butter
Eier
Petersilie

Das Fleisch weich kochen, dann in ein Kasterol mit feinen Speckblättern, Zwiebel und gelbe Rüben eingelegt, öfters umgewendet, damit es auf allen Seiten braun werde, sodann herausgenommen, ein Löffelvoll Mehl daran gestaubt. Wenn selbes braun geworden, halb mit guter Brühe, und halb mit rothen Wein aufgefüllt, und wenn es versotten hat, gesiehen, dann werden mit einem Hölscher von Kohlrabi und gelbe Rüben kleine Kuglein ausgehölscht, in die Soß gethan und weich darin gekocht. Bis dieses geschieht werden drey große Erdäpfeln gesotten und geschält, wenn sie erkaltet auf einem Sieb gerieben, ein Stück Butter, wie ein halbes Ey, abgetrieben, etwas klein gehackter Petersilie sammt den Erdäpfeln, Salz, zwey Eyer und zwey Dötter gut verrührt. Bestreich den oberen Theil des Fleisches gut damit und bachs im Ofen damit die Kruste schön bräunlich werde.

SCHWEINERNES FLEISCH WIE SCHWARZES WILDPRET ZUGERICHTET

Schlögel vom Schwein
Essig, Wein und Wasser zu gleichen Teilen
Salz
Lorbeerblätter
Zitronenschale (Limonieschälerl)
Wacholderbeeren (Kranawedbeere)
Dörrpflaumen (gedörrte Zwetschken)
Semmelbrösel
Fett zum Rösten
etwas Wein
Zucker
Zimt (Zimmet)
Kren

Nimm von einem Schlegel so viel du brauchst, in ein Häfen, gieße einen Theil Essig, einen Theil Wein und einen Theil Wasser daran, Salz, Gewürz, Lorbeerblätter, Limonieschälerl und Kranawedbeere, laß es schön mürbe sieden, dann mache einen Zwetschkenpfeffer dazu. Siede gedörrte Zwetschken sehr weich, zerrühre sie mit einem Löffel, und treibe sie durch ein Sieb, gib geröstete Semmelbrösel, ein wenig Wein, Zucker und Zimmet dazu, laß ihn ein Paar Mahl aufsieden, gib das Fleisch in eine Schüssel, ein wenig von dem Sud darüber, ziere es mit länglich geschnittenen Kren, und gib die Soß oder den Pfeffer in einer Schale dazu.

EIGNET SICH MOZART ZUR TAFELMUSIK?

Wahre Mozartfreunde halten es – nicht zu Unrecht – für ein Sakrileg, wenn aus der Stereoanlage Mozartmelodien vom CD-Player als säuselnde Tischuntermalung dahinplätschern. Mozart selbst wäre indessen vermutlich keineswegs so rigide gewesen, was die Rezeption seiner Musik betrifft. Im Gegenteil: Zahlreiche seiner kleineren, vor allem kammermusikalischen Werke waren dezidiert als Tafelmusik gedacht. Und viele seiner Opernarien waren bereits zu seiner Zeit so populär, daß sie in Transkriptionen für kleine Besetzung auf zahlreichen hochherrschaftlichen Tafeln erklangen: Die Musik wurde, ebenso wie die Architektur, stets in den Dienst der höheren Ehre Gottes oder der weltlichen Herren gestellt. Und was Konrad Hagger, der Doyen der großen Salzburger Barockküche, über die herrschaftliche Küche seiner Zeit sagte, könnte auch auf die Musik der Mozartzeit zutreffen: „Von Gott ist es destiniert und verordnet", meinte er, „daß die Herrscher, die Ebenbilder Gottes, delektiert und gelabt werden durch den Überfluß der Erde und damit ein Bild von der Sinnhaftigkeit der Welt entsteht."

VERSCHIEDENE GERICHTE

Gefüllte Erdäpfeln ▷

51

GEFÜLLTE ERDÄPFELN

Erdäpfel
Kalbfleisch, klein gehackt
Butter
Rindsuppe
Salz
Pfeffer
Muskat
Spargel, gekocht und kleinwürfelig geschnitten
Krebsenschwänze oder Shrimps
Rahm

Nimb gute Erdäpfeln, koch und schäl sie, laß auskühlen. Hernach schneyd eyn Stücklein davon ab, damit sie stehen bleiben auf eyn Schüssel, von oben auch und hölsch sie vorsichtig aus. Nimb ein Stück Kalbfleisch, schneid es klein gewürfelt zusammen, mach eyne Buttersoße, gib das Fleisch darein, auch Spargel und/oder Krebsenschweiferl geschnitten, etwas gestossenen Pfeffer und Muskatblühe dazu. Dann laß alles zusammen gut versieden, so zwar, daß von der Soße gar nichts zu sehen ist, füll die Erdäpfeln damit, gib die Deckeln wieder drauf, richte sie in eyn Schüssel an, gib Milchrahm und Butter obendrauf und brat sie so lange bis sie eine schöne gelbe Farbe zeigen.

FLEISCH-MARMORKUCHEN

Verschiedenstes Fleisch, das sich zum Kochen eignet
(z. B. geräucherte Zunge, Hühnchen, Ochsenmaul,
Wammerl, Schweinsohr)
Speck
Butter
Salz
Pfeffer
Gänse- oder Kalbsleber
Eidotter
Petersilie
Zwiebeln
Champignons
Béchamelsauce

Koch alles Fleisch in genug gesalzenen Wasser halb weich und laß es erkalten, hernach schneids in finger-lange Streiflein, dasselbe auch mit den Hendeln, die du aber zuvor nicht kochst. Nun gib in ein Kasterol Butter, Zwiebel, Petersil und Champignons, fein geschnitten und laß gut anbraten. Misch das Fleisch dazu, würtz es und laß schön dünsten. Nun mach eine gute Fleisch-Bechamel, vermisch sie hinein, gib gewürfelten Speck und die zerstossene Leber dazu. Rührs gut durch, laß abkühlen, hernach gib drey Eydotter hinzu, fülls in eine schickliche Form zuvor mit Speckscheiben belegt und backs langsam durch.

GEFÜLLTE GURKEN

Gurken
Rahm
Butter
Salz
Pfeffer
Kren
Faschiertes oder kleingeschnittene Wurst
Schinken
Bouillon

Schäl die Gurken und schneyds in zwey Halben, nihm die Kerne heraus und gars, aber nicht ganz, hernach mit Fülle aus beliebigen Fleisch oder Überbliebenen, zuvor mit Eingemachtem und Rahm vermischt, bestreichen. Bestreich eine Schüssel mit guter Butter, gib die Gurken hinein und die Suppen dazu und laß dünsten. Reib den Kren drüber und trags an die Tafel.

SCHINKEN IN MADEIRASOSSE

1 ganzer gekochter Schinken
(oder dickere Schinkenscheiben)
Bouillon
Butter
Mehl
Salz
Pfeffer
Zitronensaft (Limonisaft)
Kräuteressig
Trüffeln (auch aus der Dose)
Morcheln (Maurachen)
Champignons oder ähnliche Pilze
$^1/_2$–1 Flasche Madeira-Wein

Von dem gekochten Schinken
schneyd soviel Fettes ab, bis nur ein kleines Streiflein für
den Geschmack übrig bleibt. Schneid feyne Scheiben davon
und schlichts in ein Schüssel. Hernach mach die Soß aus
einem Einmach aus Butter, Mehl und Suppen, gewürtzt mit
Salz, Pfeffer, Limonisaft und Essig aus Kräutern, laß aufko-
chen und gib die geschnittenen Trüffeln, Maurachen, und
Champignons dazu. Zuletzt gieß eine halbe Flasche vom
Madeira, oder mehr, hinzu, laß aber nur mehr heiß werden,
nicht sieden. Regaliers über den hergrichten Schinken.

SPECK-NOCKEN

kleingehackter Speck
2–3 Eidotter
1 Ei
Mehl
Salz
Semmelbrösel
Schmalz oder Butter

Nimb frischen oder gesaltzenen Speck, hack ihn gantz klein, und thue ihn in einer Schüssel abtreiben, nimb dazu zwey oder drey Eyrdotter und ein gantzes Ey, rührs auch darein. Mach mit Mehl einen Taig an wie zu Nocken gehörig, saltz und schneids in ein siedend und gesaltzenes Wasser. Wanns fertig ist, legs in ein Schüssel, besträh es mit geribener Semmel oben und unten und brenns mit Butter oder Schmaltz ab.

Gefüllte Kalbsleber

Kalbsleber
Speck
Salz
Muskatnuß
Milch
Eier
Semmeln
Rindsuppe

Richte die schöne Leber gut her und schneid sie auf der breiten Seite in gantz dinne Scheiben, als sie noch beisammen hängen bleiben. Mach die Fülle aus eingeweichten Semmeln, klein gehackten Speck, Eyern, Muscat und Gewürz, gib dieselbe zwischen die Leber-Scheiben. Drück das Fleisch gut zusammen, besser bind es mit einem Faden, leg sie auf gute Butter oder Speck in ein Kasterol und laß sie eyn Stund dünsten, vergiß nicht oft Suppen angießen. Richts hübsch an.

WICKELN VOM SPENAT

frischer Spinat
Kohl- oder Krautblätter
Eier
Salz
Pfeffer
Muskatnuß
Rahm
Speck
Semmelbrösel

Wirf den Spenat in genug gesalzenen Wasser und laß ihn sieden, hernach gewürtzt mit Muscat und klein zerhackt, mach Bröseln von der Semmel und Speck geschnitten schön braun und vermischs mit den Spenat. Zuletzt gib guten Milchrahm mit versprudelten Eyern hinzu. Streich die Fülle auf Kohl- oder Krautblatteln, die zuvor gedünst, und rolls zu einem Wickel zusammen, leg sie ins siedende gesalzene Wasser. So man will, streu zuletzt in Butter angemachte Brösel darauf.

LINZER SYMPHONIE ODER LINZER TORTE?

Einer der häufigsten Fehler, die manche Musikfreunde unserer Zeit machen, ist es, Mozarts Musik für gefällig und kulinarisch zu halten. Auch wenn wir es heute, im postdodekaphonen Zeitalter, so empfinden mögen, war sie doch für zeitgenössische Ohren oft alles andere als lieblich anzuhören. Ein italienischer Kritiker meinte sogar einmal, um Mozart zu hören, müsse man Eisen in den Ohren haben. Man denke etwa an das berühmte Dissonanzenquartett und stelle sich vor, was die höfische Tischgesellschaft nach einem solchen Konzert als Tischthema wählte. Es bedarf nicht vieler Phantasie, um zu erahnen, wie Mozart dabei wegkam.

Für einen kleinen Trost sorgten die Patissiers bei Hof, die das nötige Harmoniebedürfnis spätestens dann wieder ins rechte Lot brachten, wenn das Dessert serviert wurde. Das wiederum – und so ändern sich die Zeiten – würden wir heute zumeist als unharmonisch empfinden. Denn wer sich die Dotter- und Butterdosierungen so mancher Rezepte aus der Mozartzeit genauer ansieht, der hat – nach allen heutigen Ernährungserkenntnissen – lieber Eisen in den Ohren als ein solches Dessert im Magen.

MEHLSPEISEN UND NACHTISCHE

SALZBURGER NOCKERLN

5 Eier
4 EL Staubzucker
Mehl
2 EL Milch
3 EL Butter
geriebene Zitronenschale (Limonischalen)

Nihm fünf mal das weiß von den Eyern und schlags mit drey großen Löffelvoll feinsten Zucker, bis es ganz fest ist, hernach gib drey Eyerdotter, etwas Mehl und wenig zerriebene Limonischalen hinzu. Richt ein Schüssel, darein gib drey Stücklein Butter, groß wie ein Nuß, eyn großen Löffelvoll Zucker und wenig Milch und laß erhitzen. Stich aus der Eyermassa große Nocken und legs in die Schüssel, backs bis zu schön braun sind. Zuletzt bestreus mit feinstem Zucker.

ABGETRIEBENE WESPENNESTER

250 g Butter
sowie zerlassene Butter zum Bestreichen
3 Eier
5 Eidotter
0,15 l Obers
3 EL Germ
500 g Mehl
Ribiselkonfitüre

Man treibt ein halbes Pfund Butter flaumig ab, schlägt drey gantze Eyer und fünf Eyerdötter, jedes gut verrühret, hinein, gib dann ein halbes Seitel lauwarmes Obers, drey Eßlöffelvoll gute Germ nach und nach darein, und ein Pfund feines Mehl dazu, schlag den Teig gut ab, gib ihn auf ein mit Mehl bestaubtes Brett, walcke ihn so dünn als möglich aus, bestreiche ihn ein wenig mit zerlassenen Butter, schneide mit einem Krapfenradel drey Fingerbreite, und Spannenlange Streifen, fülle dieselben mit eingesottenen Ribislein oder einer anderen Fülle, rolle sie zusammen, und stelle sie in ein mit Butter bestrichenen Tortenblatt, laß sie gut gehen, und backe sie schön langsam.

Hasenöhrl

5 EL Mehl
1 Eidotter
2 EL Butter
Rahm
Schmalz zum Backen
Salz

Vermisch fünf große Löffel-
voll Meel mit zwey eygroßen Stückeln Butter, würtz es leicht
mit Salz, gib eyn Eydotter, paar Löffel Milchrahm dazu,
woraus man einen guten Teig ausknetet. Walk ihn dünn aus
und schneid Fleckerl ab, die im gut heißen Schmalz gebachen werden. Streu feinen Zucker darauf.

GERBENKIPFERL

250 g Mehl
200 g Butter (feinblättrig geschnitten)
1 Ei
2 Eidotter
2 Löffel Germ (Gerben)
5 EL Rahm
Rosinen (Weinbeerlein)
Mandeln
Zitronat
Zimt (Zimmet)
Zucker
Ei zum Bestreichen

Nihm ein halb Pfund Meel, 12 Lot Butter blattlet darein geschnitten, mit dem Nudelwalger abgearbeitet. Bereite in ein Häferl ein Ey und zwey Eyerdotter, zwey Löffel gute Gerben, fünf Löffel Milchrahm, mache mit diesem den Teig an, treib ihn gut aus und mache dreyeckige Flecken davon. Fülle es mit gedünsteten Weinbeerlein, geschnittenen Mandeln, Zitronat, Zimmet und Zucker vermischt, rolle es zusammen zu einem Kipferl, bestreue die Kipferl mit einem Ey, richte es auf ein Tortenblech und laß in einem warmen Ort gemach gehen, hernach backe es gut.

HUPFAUF

0,3 l Milch
Butter
6 EL Mehl
10 Eier
Salz
Schmalz

Laß in einem Seidel Milch ein Stückel Butter zerschleichen, daß aber die Milch nicht zu heiß wird, gib in ein Häfel dann sechs Kochlöffel voll schönes Mehl, rührs mit der Milch recht klar ab, schlag zen gantze Eyer daran, salze es und rühre es recht gut ab, laß in einem Kasterol ein wenig Schmalz heiß werden, gib den Teig hinein, oben und unten Gluth, laß ihn so lange backen, bis er eine schöne Farbe hat und schön aufgegangen ist.

GRILLASCH-BÖGEN

250 g Mandeln
250 g Zucker
Zitronenschalen und -saft (Limonie)
Pistazien, kleingehackt
Orange (Pomeranze)

Man schneidet ein halbes Pfund geschwellte Mandeln gestiftelt, vermengt sie mit einem halben Pfund fein gestossenen Zucker, schneidet von einer Pomeranze und von einer Limonie die Schale klein zusammen, gibt sie sammt den Saft von beiden unter die Mandeln und Zucker, mengt alles gut durcheinander, und läßt sie eine halbe Stund stehen, damit sie anziehen. Sie müssen gut feucht seyn, gibt drey Löffelvoll von den obigen in ein Kasterol oder messingenen Becken hinein, röstet es hernach schön braun, rührt es beständig, damit es sich nicht anbrennet, und eine gleiche Farbe bekommt. Dann nimmt man es Löffelweis auf einen mit Wasser benätzten Nudelwalker, streicht es mit einem Messer in der Form eines Bogens schön dünn auseinander, und bestreut sie mit klein geschnittenen Pistazien, wenn sie steif sind, nimmt man sie herab, und macht die übrigen Bögen also.

Auflauff von Kaffee

3 EL Zucker
2 EL Mehl
3 EL Butter
5 Eier
4 dl Kaffee und Obers gemischt

Nihm ein Seidl und ein kleines Glas von gemischten Obers und guten starken Kaffee und mach es recht kalt, gib gemach zwey große Löffelvoll Meel und drey vom Zucker dazu und laß es langsam kochen, aber rühr es gut, bis eyn dicklicher Koch daraus wird. Wenns wieder kühler wird, schlag fünf Eyerweiß ganz steif, rühr drey nußgroß Stücklein Butter, und Eyergelb hinein. Zuletzt gib den Schnee langsam dazu. Back es in einer guten Form oder Model fertig.

GEBACKENES HEU UND STROH

Mehl
Butter
Schmalz zum Backen
2 Eier
3 Eidotter
Obers
Zucker
Zimt (Zimmet)
Rosinen
Salz

Gib auf ein Nudelbrett eine Handvoll Meel, walke ein wenig Butter darunter, aber nicht zu vil, nihm zwey Eyer, ein wenig Obers und Salz, mach daraus einen Teig an, daß er in der Feste wie ein Strudelteig wird, walke ihn so dünn als möglich aus und schneide recht kleine Nudeln davon. Laß in einer Pfann ein Schmalz recht heiß werden, und backe die Nudeln schön lichtbraun auf, richte sie auf eine Schüssel, gib ein wenig Weinbeerlein darunter, dann nihm ein Häfel Obers, drey Eyerdötter, ein wenig Zucker und Zimmet, sprüdle es gut ab, schütte es über die Nudeln, gib oben und unten Gluth und laß es eine halbe Stund ausbacken.

Eynen feinen Topfen-Kuchen
zu machen

0,3 l Milch
5 Eier
12 Eidotter und -klar
Zitronensaft (Limonesafft)
750 g Butter
250 g Mandeln
250 g Zucker

Thue die Milch in eyn Höferl, schlag die fünf gantzen Eyer dazu, gib wenige Tropfen vom Safft einer Limone darein, stell es auf eyn Glutl, daß es zusammenrinnt und eyn Topfen daraus wird, thue denselben auf ein Sieb und laß es abrinnen. Hernach treib die Butter ab, misch ein Dutzend Eyerdötter dazu, auch die Mandeln, fein gestossen, und den Zucker, die zuvor mit dem abgetropften Topfen schon gut vermischt. Zuletzt gib den Eyerschnee dazu. Hierauf schmier eyn Dorten-Blattl oder eyne Schüssel mit Butter, thue das Koch hinein, back es blind.

CITRONAT-STRUDEL

250 g Mehl
1 Ei
1 Dotter
65 g Butter sowie Butter zum Bestreichen
Salz
Milch
250 g Mandeln
Zitronensaft
125 g Zucker sowie Staubzucker zum Bestreuen
100 g Zitronat
45 g Pistazien

Man nimbt eine Halbe feines Mehl, ein ganzes Ey und ein Eydotter, vier Loth Butter, ein klein wenig Salz, und macht mit Milch einen Strudelteig; arbeite ihn gut ab, und laß ihn eine Weile rasten; dann stoß ein halbes Pfund Mandeln gröblich zusammen, befeuchte sie mit dem Safft von einer Limonie, wie auch die Schälen davon klein geschnitten, ein viertel Pfund Zucker fein gestossen, sechs Loth Citronat, und drey Loth Pistazien fein blättrich geschnitten, mengt dies alles gut durcheinander, zieht dann den Teig fein aus, bestreicht ihn mit zerlassenen Butter, streuet die Fülle schön gleich darauf, rollt sie zusammen, bestreicht ein Tortenblatt mit Butter, gibt die Strudel hinein, bestreicht sie etwas mit zerlassenen Butter, besäet sie mit fein gestossenen Zucker, und bäckt sie schön im Ofen.

GLOSSAR

abrinnen	ablaufen	Nelken-	Piment,
absprudeln	verquirlen	pfeffer	Neugewürz
aufsieden	kurz aufkochen	Neugewürz	Piment
bähen	toasten, anrösten	ordinari	gewöhnlich
Bärlauch	wilder Lauch	Obers	Sahne
blind backen	zugedeckt backen		
		Plattel	hier: Backblech mit befettetem Butterpapier belegt
Casserole	Pfanne, Bräter		
Faschiertes	Hackfleisch		
		Rahm	Sahne
geraucht	geräuchert	Rain, Rein	Pfanne, flacher Topf
Germ	Hefe		
gesäht	gesiebt	Rinde	Kruste
geselcht	geräuchert	Ribisel	rote Johannis- beeren
gesotten	gekocht (längere Zeit)		
Häfen, Häferl	Topf	seihen	absieben
		Semmel	Brötchen
Happel, Häupel	Knolle	Semmel- brösel	Paniermehl
		Semmel- knödel	können durch Klöße ersetzt werden
Karbonadeln	hier: Fisch- laibchen		
Kasterol	Pfanne, Bräter	Semmel- schmolle	das Innere einer Semmel
Kren	Meerrettich	sieden	kochen, köcheln
Kuttelkraut	Thymian	Speck	Schinkenspeck
laulicht	lauwarm	speilen	herrichten, vorbereiten
lind	leicht, mild		
Loth (1)	16,66 g		
Lucke	Lücke, Loch	Wammerl	Bauchfleisch
		Weidling	halbkugelförmi- ge Schüssel
Mandeln, geschwellt	eingeweichte, enthäutete Mandeln	Weinbeerlein	Rosinen, Korinthen
marb	mürb		
Milchrahm	Sahne		
Most	Obstwein	Zecherl	(Knoblauch-)Zehe
Muscatblühe	Muskatblüte	Zibeden	Sultaninen

72